Dᴿ A. TRIPIER

———

LES ALIÉNÉS

ET

LA LÉGISLATION

———

EXTRAIT DE LA REVUE CONTEMPORAINE

———

PARIS

BUREAUX DE LA REVUE CONTEMPORAINE

17, RUE DU FAUBOURG-MONTMARTRE, 17

———

1870

LES ALIÉNÉS

ET

LA LÉGISLATION

Lorsqu'un auteur dramatique porte à la scène une thèse sociale, c'est sur des exceptions savamment combinées qu'il la plaide. L'insuffisance logique d'un pareil procédé ne choque qu'un petit nombre d'esprits, et n'empêche pas la masse d'accueillir avec faveur toute argumentation dont les conclusions ne froissent pas ses préjugés. Les choses se passent de même dans la vie réelle : c'est des accidents que s'émeut le public ; c'est ordinairement sous la pression de l'opinion qu'agit ensuite le législateur.

Ayant à présenter sur la situation légale des aliénés quelques considérations générales, j'éviterai d'aborder la discussion des faits particuliers autour desquels se produit de temps en temps une agitation qui met la question à l'ordre du jour, mais ne l'a pas, jusqu'ici, posée de manière à en hâter la solution rationnelle.

Jugeant la loi de 1838 mauvaise pour des raisons autres que celles au nom desquelles on l'a combattue, j'insisterai peu sur les critiques qu'on en a faites. Les uns la trouvent excessive ; d'autres la déclarent bonne, n'osant, en présence du soulèvement de l'opinion, avouer qu'ils la trouvent insuffisante. Les premiers, reprochant à la loi de favoriser les séquestrations arbitraires, ont eu le tort de chercher à le prouver en déclarant sains d'esprit un certain nombre de gens dont l'état mental ne pouvait leur être suffisamment connu. Quant aux optimistes, ils n'ont pas manqué d'accepter la discussion sur ce terrain, où leur compétence spéciale leur faisait la partie belle. Le débat s'est ainsi égaré sur l'appréciation délicate de faits particuliers et sur des détails de réglementation, quand les principes restaient écartés, quand la moralité du but et l'économie générale des moyens n'étaient pas même mis en cause. Le danger est encore, aujourd'hui, de voir une question mal posée amener sur quelques expédients une entente qui pourrait faire ajourner indéfiniment une solution à la fois libérale et tutélaire des intérêts sociaux en jeu.

La vérité me paraît être, ici, non pas entre les appréciations extrêmes, mais à côté. La loi pèche moins parce qu'elle est mauvaise que parce qu'elle est de trop. Ses mérites et ses défauts procèdent du milieu légal. Si l'on a pu croire nécessaire de soumettre les aliénés à un régime d'exception, et si, le croyant, on n'a pu donner à ce régime une forme satisfaisante, j'espère démontrer que la faute en est, avant tout, aux imperfections de nos codes, dues elles-mêmes à ce que la métaphysique a concouru, bien plus que la raison fondée sur l'expérience, à l'édification de notre droit civil.

I

Un examen sommaire de la loi de 1838 permettra d'en apprécier de suite les mérites et les défauts intrinsèques.

Le titre Ier : *Des établissements d'aliénés*, en détermine le nombre minimum, règle le mode de surveillance à exercer sur eux et la qualité de ceux qui ont mission d'exercer cette surveillance.

On y voit qu'un contrôle de tous les instants a été dévolu à des organes multiples, avec un tel luxe de précautions, qu'il semble *à priori* impossible que l'exécution réponde aux prévisions. Aussi les adversaires de la loi rencontrent-ils peu d'incrédules lorsqu'ils affirment que cet admirable contrôle n'a jamais existé que sur le papier. Enfin, tous les agents de la surveillance à exercer sur les asiles d'aliénés sont des fonctionnaires, circonstance grave lorsqu'on la rapproche de ce fait que presque toutes, sinon toutes les séquestrations dont l'opportunité a été reconnue contestable, étaient agréables à de hauts fonctionnaires ou provoquées par eux.

Titre II : *Des placements faits dans les établissements d'aliénés.* Une première section traite des *placements volontaires.* Sur ce titre, on croit tout d'abord qu'il s'agit de la séquestration réclamée ou au moins acceptée par ceux qui en sont l'objet : sans être très-commun, le cas n'est pas absolument rare. Mais non ; le législateur n'a pas prévu ce cas, ou n'a pas cru qu'il y eût lieu d'en tenir un compte spécial. Les placements dits *volontaires* sont donc ceux qui ont lieu par la volonté des tiers qui provoquent la séquestration.

Suivent les formalités relatives au placement : — Constatation de l'identité de la personne internée ; constatation abandonnée à un maire ou à un commissaire de police. — Fixation des conditions que doivent remplir, pour obtenir l'internement, ceux qui le réclament : un certificat de médecin suffit en réalité, et n'est même pas nécessaire dans les cas d'urgence. — Renvoi des pièces, ou plutôt d'un procès-verbal de la séquestration les mentionnant, au préfet ou au sous-préfet. — Vérification du préfet s'exerçant par l'intermédiaire de médecins désignés par lui, et de telle personne qu'il jugera convenable de leur adjoindre.

Il est bien, sans doute, de présumer l'honnêteté de l'administration ; mais, en basant sur le dogme de son infaillibilité toute une législation délicate, les auteurs de la loi de 1838 ont dépassé les bornes de la naïveté permise. On a certainement méconnu la droiture de leurs intentions lorsqu'on les a accusés d'avoir sournoisement rétabli le régime des lettres de cachet ; mais s'ils ont rendu difficile d'attenter à la liberté des gens auxquels l'administration ne veut que du bien, ils ont trop oublié que ce n'est qu'en théorie que cette sollicitude s'étend à tous les citoyens.

Les conditions de la sortie d'un asile correspondent naturellement à celles de l'entrée. La sortie peut être provoquée par ceux qui ont qualité pour provoquer la séquestration ; elle peut, d'ailleurs, être empêchée par le veto du directeur de l'établissement, *approuvé par le préfet.*

La section 2 du titre II traite *des placements ordonnés par l'autorité publique.* C'est le placement d'*urgence* effectué par le préfet de police et les préfets. Avec un certificat de médecin, les commissaires de police et les maires ont qualité pour le décider.

La section 3 règle les *dépenses du service des aliénés.*

Sous le titre : *Dispositions communes à toutes les personnes placées dans les établissements d'aliénés,* une quatrième section revient sur quelques dispositions implicitement comprises dans les sections précédentes, et vise les mesures à prendre en vue de la gestion de la fortune des gens séquestrés. Quelques précautions nouvelles y doivent cependant être signalées, offrant ou tendant à offrir au détenu des garanties qu'on chercherait vainement dans les articles qui précèdent.

Le premier article de cette section semble devoir donner à l'aliéné guéri des moyens légaux de sortir de l'asile. Nous y voyons que « toute personne placée ou retenue dans un établissement d'aliénés, son tuteur, si elle est mineure, son curateur, tout parent ou ami, pourront, à quelque époque que ce soit, se pourvoir devant le tribunal du lieu de la situation de l'établissement, qui, après les vérifications nécessaires, ordonnera, s'il y a lieu, la sortie immédiate. — La décision sera rendue, sur simple requête, en chambre du conseil et sans délai; elle ne sera point motivée. — Aucunes requêtes, aucunes réclamations adressées, soit à l'autorité judiciaire, soit à l'autorité administrative, ne pourront être supprimées ou retenues par les chefs d'établissement. »

La droiture des intentions ressort de la façon la plus nette de ces passages ; mais les intentions suffisent-elles ? et cet article nous offre-t-il quelque chose de plus efficace ? Le législateur admet trop facilement que l'aliéné connaît une loi qu'on a souvent intérêt à lui cacher, que le pourvoi devant le tribunal lui sera toujours facile, que les membres du tribunal dispensés de motiver leur décision sont compétents et toujours désintéressés; il ignore combien les fous écrivent, et que les journées des magistrats ne suffiraient pas à lire les communications qui leur seraient faites si celles-ci n'étaient empêchées ou interceptées, au moins en grande partie.

Au dire de nombre de gens qui, soit comme médecins aliénistes, soit comme anciens séquestrés, ont été à même de juger à l'œuvre les garanties présentées par cet article, elles seraient, dans la pratique, journellement frappées de nullité par chacune des difficultés que je viens d'indiquer. Ces témoignages hostiles à la loi sont-ils fondés sur une observation impartiale des faits ou seulement sur la vraisemblance? C'est ce que ne manquera pas d'établir une enquête le jour où elle sera entreprise en vue d'éclairer la question, et non de fournir des arguments à des conclusions arrêtées d'avance.

Il était plus facile de mettre à l'abri la fortune des aliénés, et les mesures prises à cet égard sont pleinement rassurantes, excepté, peut-être, dans le cas où l'aliéné est en même temps interdit ; l'omnipotence du tuteur pourrait quelquefois alors avoir besoin d'un contre-poids.

J'avoue avoir vu avec quelque surprise qu'on pouvait être aliéné et séquestré sans être interdit. Ce respect d'une liberté inoffensive, mais qu'on aurait pu néanmoins supprimer, comme tant d'autres, pour le principe, m'avait d'abord touché. En y réfléchissant, j'ai fait honneur du fait aux formes légales qu'exige l'interdiction ; leur maintien eût suffi pour enlever à une législation spéciale toute raison d'être.

Telle est, dans ses dispositions fondamentales, dans celles qui ont donné lieu à des débats irritants, la loi de 1838 sur les aliénés. L'exécution en a été assurée, en 1839, par une ordonnance complémentaire, qui n'en modifie en rien l'économie, mais précise le mode d'intervention de l'administration dans les différents cas prévus, et fait une sorte de cahier des charges aux directeurs des établissements privés.

Rendue sous la pression de l'émotion qu'avaient produite des séquestrations arbitraires opérées par l'initiative privée, la loi de 1838 a assuré à l'administration le monopole des priviléges dont il avait été fait abus. C'est à l'administration qu'on s'en prend aujourd'hui, sous le prétexte que les abus n'ont été que déplacés. N'eût-on aucun fait à invoquer en faveur de cette prétention, elle conserve toute sa valeur ; c'est pourquoi j'y ai insisté. Il ne faudrait cependant pas s'exagérer l'importance d'un vice qui doit disparaître de lui-même, et sans qu'il soit besoin pour cela de faire une nouvelle loi, lorsque va être rapporté l'article 75 de la Constitution de l'an VIII.

Un défaut moindre encore, mais réel, est dans la multiplicité des détails qui, n'ayant de raison d'être que parce qu'ils dérogent au droit commun, rendent la pratique sincère de la loi à peu près impossible, et sa prévoyante sollicitude illusoire.

II

Admettons pour un instant que la loi de 1838 ne soit jamais invoquée sans nécessité ; que l'application en soit toujours confiée à des gens intelligents, bien informés et intègres, — tout cela est possible : — les choses n'en iront guère mieux. En effet, dans le plus grand nombre des cas où l'intervention de cette loi serait utile, elle ne sera ni appliquée, ni même invoquée. La suppression de l'article 75 de la constitution de l'an VIII et une reconstitution des commissions administratives sur d'autres bases suffiront pour faire donner à la loi toutes les garanties que réclament les aliénés ; mais la société a droit aussi à des garanties, et, celles-là, je ne les trouve ni dans la loi de 1838, ni dans aucune loi d'exception à faire.

Qu'est-ce que l'aliéné ? — Pour les métaphysiciens, c'est un sujet qui a perdu son libre arbitre. Pour les gens qui ne se payent pas de mots, mais vont à la réalité des choses, c'est, neuf fois sur dix, un individu dangereux. La vérité vraie, indiscutable, pratique, est du côté de ces derniers. Quant aux distinctions subtiles introduites par les métaphysiciens entre les individus dangereux suivant qu'ils sont aliénés ou simplement criminels, sans même avoir l'avantage de résoudre la moindre difficulté théorique, elles ont pour effet de désarmer la loi le jour où elle a à intervenir dans un but de préservation sociale.

Un crime ou un délit a été commis ; il est déféré à un tribunal. Jusqu'ici, nous sommes dans la pratique. L'affaire une fois devant les juges, nous tombons dans la métaphysique, et la question de responsabilité devient l'unique intérêt du moment. A-t-on affaire à un aliéné, c'est-à-dire au plus sûr et au moins mesuré des récidivistes ? L'acquittement est prononcé, ou une pénalité dérisoire, qui laisse intactes les éventualités menaçantes. La Cour s'en lave les mains ; il y a, pour les aliénés, une législation spéciale, qu'invoqueront, s'ils le jugent convenable, les intéressés d'une certaine catégorie.

Ce n'est que rarement, en présence de crimes, et dans le cas d'une folie manifeste, que l'administration de la justice intervient d'office et provoque la réclusion d'un homme qui est *couvert par un avocat.*

Il est grand temps de reconnaître qu'il n'a jamais été rien fondé sur la métaphysique, simple instrument de désordre, aussi bien dans le domaine des faits que dans celui des idées. Mais certains instincts y poussent ; et la métaphysique, c'est la responsabilité ou l'irresponsabilité. Puis, comme conséquence logique, c'est la loi du talion, c'est la vengeance : légitime vis-à-vis des responsables, elle cesse de l'être vis-à-vis des irresponsables.

Tous les progrès réalisés en législation l'ont été au nom de la répudiation de cette doctrine, à laquelle on s'est toujours efforcé de substituer celle d'une loi, non plus vengeresse, mais tutélaire.

Or, il faut choisir entre les deux doctrines, ou, au moins, ne pas les faire intervenir en même temps. L'expérience a démontré surabondamment, ce que d'ailleurs la raison aurait dû faire prévoir, que la loi métaphysique, lorsqu'elle intervient tout d'abord pour poser les questions de fait, élimine l'intérêt social et paralyse la loi tutélaire. Si vous croyez devoir venger la société, faites-le place de la Roquette et dans les prisons ; remplacez la guillotine par un genre de mort moins doux ; faites aux détenus la vie plus dure. On vous accusera peut-être de cruauté inutile, mais vous resterez logiques. Où vous êtes absurdes et devenez dangereux au premier chef, c'est quand vous venez mettre vos théories en travers des mesures de préservation sociale. Acharnez-vous sur le condamné, ou couvrez-le de fleurs ; mais attendez pour cela qu'il vous appartienne. Laissez-nous nous garantir d'abord ; vous ferez après de la psychologie pénale tant qu'il vous plaira.

En dehors des cas de flagrant délit où l'on arrête un criminel sans se préoccuper de son état mental, la loi actuelle ne permet guère d'éviter les accidents. La faculté de faire enfermer un sujet dangereux n'est pas, en effet, d'un exercice aussi facile qu'on l'admet généralement. Sans doute, l'aliéné qui s'adresse au guichet des Tuileries, ou celui qui gêne un ministre, est facile à interner ; il n'en est pas de même de celui dont les menaces s'adressent au premier venu. Quand l'autorité compétente est saisie de cas de cette nature, elle répond d'ordinaire : « Laissez-le faire ; nous verrons après. » Que celui de qui émanent les menaces soit sain d'esprit, il sera admonesté, surveillé, poursuivi même et condamné. S'il est donné comme aliéné, le cas est différent : les menaces d'un fou ne sau-

raient constituer un délit : il est irresponsable. On attend qu'il
les mette à exécution.

C'est pour être sorti du droit commun, pour avoir subordonné la
question à la considération de responsabilité, qu'on s'est trouvé
conduit à imaginer une série de mesures d'exception sans efficacité,
là où les procédures courantes auraient pu avoir leur plein effet utile.

Un individu est signalé comme fou, comme dangereux, par des
gens qui, n'étant pas maîtres de l'éviter autrement, réclament sa
séquestration. Il s'agit, d'emblée, de détention perpétuelle ; aussi y
regarde-t-on à deux fois si le délinquant ne gêne pas un haut fonctionnaire et s'il est trop pauvre pour payer son loyer. C'est surtout
de cette façon que la loi n'est pas appliquée.

Mais l'accident prévu arrive. Alors on opère d'urgence. A-t-on
affaire à un fou ou à un criminel ? On ne le sait pas toujours. Quoi
qu'il en soit, l'exécution est définitive. L'aliéné perd le bénéfice de
la ressource offerte au criminel, celle d'un débat contradictoire entre
la *détention préventive* et la *détention pénale*.

On voit maintenant à quelles insanités peut conduire la manie de
légiférer, et l'on se demanderait volontiers si la loi a été faite pour
ou par les fous. Pleine de sollicitude pour l'aliéné, pour l'*irresponsable*, elle commence par lui enlever les sûretés données au criminel, les bénéfices d'une situation transitoire équivalente à la pré-
vention ; puis elle le séquestre à perpétuité. En revanche, elle le
laisse vaguer à l'état de menace publique tant que son cas n'est pas
tout à fait pendable.

Le retour pur et simple au droit commun donnerait aux aliénés
quelques garanties sérieuses en échange des garanties illusoires dont
on les accable ; en même temps, et c'est par là surtout que la question nous touche, il offrirait à la société des garanties de sécurité qui,
dans l'état actuel des choses, lui font presque complétement défaut.

Une loi spéciale est donc de trop. Tout devrait se réduire à une
ordonnance purement administrative, réglant l'économie des asiles
publics comme on règle celle des prisons. Cette ordonnance existe.

Il me reste à examiner un côté de la question qui me parait avoir
été complétement méconnu ou dédaigné, à montrer toute l'importance d'un danger qui a passé inaperçu. C'est dans le Code civil que
nous allons retrouver la métaphysique à l'œuvre.

III

Il s'en faut de beaucoup que la pathologie mentale soit aussi avancée que certaines autres parties de la médecine. La difficulté des problèmes qu'elle soulève rend plus lents ses progrès. L'observation y conduit cependant, dans le plus grand nombre des cas, à une sûreté de diagnostic et de pronostic qui fait aux médecins aliénistes une compétence spéciale qu'il est puéril de vouloir nier : quelques erreurs individuelles ne sauraient prouver contre le fait général ; quant aux actes de complaisance, ce sont des délits qui n'engagent pas la science. Mais l'observation ne conduit qu'à une pathologie descriptive de laquelle il serait téméraire de chercher à tirer autre chose que des règles empiriques : aussi les médecins aliénistes se sont-ils ordinairement gardés d'intervenir dans les débats juridiques autrement que pour y apporter les éléments d'information dont ils étaient seuls dépositaires : le diagnostic et le pronostic.

Je crois cependant que nous pouvons aller plus loin, et que des tentatives analytiques fort légitimes doivent fournir, dès à présent, sinon les prémisses de conclusions à formuler immédiatement en lois, du moins des instruments de critique d'une valeur incontestable.

A défaut de l'expérimentation, les données de la physiologie comparée nous permettent déjà d'établir, dans les aptitudes du centre nerveux, des raisons d'agir de deux ordres bien distincts : de l'ordre *intellectuel* et de l'ordre *instinctif*. Le concours fréquent de ces facultés différentes n'autorise pas suffisamment à les confondre. A mesure qu'on s'élève dans l'échelle des êtres, les phénomènes intellectuels deviennent de plus en plus prédominants, au point de masquer quelquefois les impulsions instinctives ; mais, en redescendant l'échelle, on voit s'accuser de plus en plus la prédominance des phénomènes instinctifs.

La pathologie mentale n'a pas tenu compte de cette distinction, et du déclassement de certaines individualités par l'accentuation des facultés d'ordre inférieur. On décrit bien les états paralytiques, hypérismiques et convulsifs de l'entendement ; on connaît leur marche, continue, progressive, remittente ou intermittente ; mais on n'a pas étendu ces études aux anomalies de l'instinct, qui n'ont été envisagées qu'accidentellement, comme symptômes appartenant çà et là à des états morbides complexes dans lesquels l'affection intellectuelle ou les conséquences somatiques d'une lésion physique des centres nerveux absorbaient toute l'attention. C'est que, pour cette étude, le champ d'observation des asiles est insuffisant. C'est dans le monde et chez les criminels qu'il faut observer les perversions de l'instinct, les anomalies mentales qui rapprochent l'homme de la brute sans compromettre son existence matérielle. Pour n'être pas une maladie, la *bestialité*, ou, si l'on veut me permettre ce néologisme, la *zoanthropie*[1], n'en constitue pas moins un état mental spécial.

Les zoanthropes simples sont lucides. Dominés par une impulsion instinctive, ils savent néanmoins, comme les animaux domestiques qui ont la notion du châtiment, y résister par un effort de volonté raisonnée. La pénalité, et je n'entends pas seulement ici parler de la pénalité légale, mais de la crainte de la publicité, des conséquences de l'infamie, etc., les retient. L'instinct reprend le dessus quand les circonstances s'y prêtent ; quand, la surveillance faisant défaut, la crainte de la pénalité est amoindrie ou écartée ; quand, enfin, sont réalisées les conditions les plus propres à favoriser l'éveil des mauvais penchants.

Quelques exemples rendront palpables ces considérations, et faciliteront les conclusions à en tirer.

Homme du monde accompli, esprit cultivé, brillant même, X... laisse à tous ceux qui l'approchent la plus favorable impression. Son intelligence paraît à tous intacte, et l'est en effet. Ses singularités, car c'est un original, sont raisonnées, et peut-être raisonnables. Il est marié. Sa femme a fait, pour obtenir une séparation, des démarches qui ont paru inexplicables, ou qu'on a attribuées à des raisons d'intérêt ou d'un autre ordre : la séparation lui a été refusée. On apprend cependant un jour que quand X... se trouve avec des jeunes filles, avec des enfants plutôt, il se livre à des actes délictueux : X... est un zoanthrope érotique. Une nouvelle instance en séparation n'a pas alors plus de succès que la première : il ne vient pas à l'esprit du tribunal que notre zoanthrope, ordinairement plein

---

[1] Le mot a été employé pour désigner le délire des hommes qui se croient changés en bêtes ; il est inusité. Je crois devoir le reprendre, en en changeant l'acception, pour le faire répondre utilement à une idée d'un ordre plus général.

de retenue vis-à-vis des grandes personnes, pourrait bien, dans le
tête à tête, se mettre à l'aise, et que sa femme a sans doute, pour
demander la séparation, des raisons devant l'exposition desquelles
elle recule, et dont la preuve est d'ailleurs impossible à fournir.

A bout de moyens de s'affranchir d'une servitude du poids de
laquelle elle devrait rester juge, que Mme X..., aidée du certificat d'un
médecin mieux informé et du bon vouloir d'un fonctionnaire influent,
fasse enfermer son mari comme fou, on verra là une séquestration
illégale, et on aura raison. Mais le tort est ici bien moins à ceux qui
ont provoqué la séquestration qu'au milieu juridique dans lequel
certaines difficultés graves n'ont pas d'issue légale.

Y..., riche bourgeois de province, investi de ces fonctions publi-
ques qui excluent l'idée de la déconsidération, passe pour un galant
homme, lorsqu'on s'aperçoit qu'il mène, dans des milieux fort différents, une existence en partie double. La lucidité qui lui permet de
se gouverner convenablement, ou au moins sans scandale, dans le
milieu honnête où sa situation et ses relations de famille lui ont fait
une place, ne l'abandonne pas dans un monde interlope, où il se re-
pose, dans le commerce de malandrins et d'entremetteuses, des ef-
forts d'honorabilité que lui coûte sa vie officielle. Là, il sait à propos
changer de nom, créer des alibis, placer toujours quelque complice
de bas étage entre les galères et lui. Causant un jour de ce sujet
avec un avocat distingué qui connaît son dossier, je risquai, pour
recueillir sur ce point les impressions d'un esprit éminent, la question d'aliénation. « Non, me fut-il répondu; ce coquin, le plus bas-
sement taré que j'aie rencontré dans ma carrière, est absolument
sain d'esprit. Le plus entreprenant n'osera jamais plaider la folie à
son occasion. Ceux mêmes qui nient *à priori* toute responsabilité
ne risqueraient pas leur thèse sur un pareil exemple. »

Tel est aussi l'avis du tribunal de Francfort, qui, au début même
de cette année, a eu à juger un sujet identique par la lucidité, le besoin
de nuire, le choix et la combinaison des moyens. C'était un employé
de banque, qui, par lettres anonymes, faux en écriture authentique
et privée, insertions dans les journaux, semait autour de lui le
déshonneur et la ruine. Les débats ont établi qu'il n'avait jamais
fait tourner à son profit pécuniaire ces manœuvres qui avaient dû
lui coûter gros; et il est entré au bagne avec la réputation d'un
homme à qui l'on pouvait impunément confier sa bourse.

Ces deux cas restent, pour moi, des modèles de zoanthropie lucide. Dans tous deux, on voit éclater la passion des actions honteu-
ses ; mais les impulsions de la perversité native ne sont pas irrésis-

tibles comme dans la zoanthropie délirante, puisque, à côté de la vie souterraine criminelle, la vie au grand jour est régulière. Quant à l'intelligence, elle est parfaitement intacte.

Retenus par la crainte du châtiment, les zoanthropes, qu'ils soient parfaitement et continuellement lucides ou accidentellement délirants, ne seraient pas une menace permanente pour la société, si certaines dispositions légales ne contribuaient à les maintenir dans les conditions les plus propres à surexciter leurs instincts. Je crois avoir établi qu'en matière de législation des aliénés, le retour au droit commun réaliserait un progrès incontestable. En donnant à la liberté individuelle la plus urgente des garanties qu'elle réclame, en facilitant du même coup l'isolement des fous dangereux, aura-t-il donné à la sécurité publique tous les gages exigibles? Non. La prévoyance sociale doit aller plus loin; mais c'est toujours en dehors des lois d'exception qu'elle en trouvera le moyen.

Les lois sont solidaires; et les bons effets que l'on pourrait être tenté de demander à l'une d'elles risquent souvent d'être amoindris ou annulés d'avance par la situation qu'a créée une législation voisine ou supérieure. Les périls qui découlent de l'existence des aliénés, et qui ne sauraient être actuellement conjurés par aucune loi spéciale, ne le seront que très-incomplétement par le droit commun actuel, parce que les plus sérieux de ces périls ont leur source dans le Code civil, et qu'il ne viendra pas à l'esprit des législateurs — les précédents nous autorisent à l'affirmer — de poursuivre la difficulté là où elle est, et de chercher à la résoudre par un remaniement des titres relatifs au mariage, à la séparation, à la paternité, aux successions, aux contrats de mariage.

Il n'entre pas dans mes prétentions de refaire ici une législation qui a peut-être encore des racines dans les préjugés courants; aussi ne m'attacherai-je pas à prendre tous ces titres du Code civil pour y montrer comment l'ingérence abusive de la société dans des contrats qui ne l'intéressent pas devient une source de fraudes et de crimes. L'examen des conditions du mariage est cependant urgent. Il est impossible de n'être pas frappé du nombre des crimes qui ne sont imputables qu'à la fatalité légale, qui, dans des circonstances où un malheur est à prévoir, tient la victime garrottée pendant que le meurtrier frappe.

Les cas dans lesquels l'aliéné ou le zoanthrope devient criminel vis-à-vis de son conjoint sont trop communs pour qu'il y ait lieu d'y insister : que le lecteur essaie, en lisant son journal, de remonter des effets aux causes, il en trouvera, en moyenne, une vingtaine par semaine.

Dans des cas plus rares, et qui accusent plus haut encore l'imperfection de notre législation, c'est à l'état d'aliénation de la victime que le crime est imputable.

Il y a un peu plus de vingt ans, une femme jalouse fut, une nuit, tuée par son mari. La mort du meurtrier, qui interrompit la procédure commencée, et les passions politiques qui cherchèrent dans cet événement une occasion de scandale, ne permirent pas alors d'apprécier exactement les faits. Il est resté cependant un commencement d'instruction, quelques interrogatoires, et assez de témoignages écrits pour qu'on puisse affirmer qu'il y eut là deux victimes. Dans le tête à tête avec une folle, un homme de caractère doux et d'esprit lucide avait évidemment été amené progressivement à un état de fureur désespérée, par une obsession à laquelle il n'avait su, à un moment donné, se soustraire que par un meurtre. Ceux qui ont vécu avec des fous peuvent seuls se retracer cette scène et la reconstituer avec les éléments d'information qui sont restés. J'ai relu les pièces de ce triste procès, recueilli quelques impressions de la bouche de familiers de la maison, et, membre d'un jury qui serait appelé à se prononcer aujourd'hui sur la culpabilité de M. de P..., je n'hésiterais pas à l'acquitter, condamnant la loi qui l'avait acculé dans une situation dont l'événement a montré les périls. Les motifs d'une séparation qui eût évité ce malheur étaient de ceux que la loi méconnaît ; les prétextes qu'elle admet faisaient défaut.

Un cas semblable, à part le dénoûment, s'est présenté à mon observation. Une monomaniaque jalouse, foncièrement bonne, nature cultivée, ne s'abandonnant jamais devant témoins, fut un jour, après avoir exercé durant quatre heures sur son amant, homme ordinairement fort doux, une persécution tantôt violente tantôt affectueuse dans la forme, mais continue et qu'aucune supplication ne put seulement faire interrompre, frappée par lui avec une chaise. Elle tomba sur le coup. On pourrait croire que le premier mouvement de l'auteur de cet acte de violence fut de s'assurer de la portée de l'accident ? — Non. Il se sentait devenir fou à son tour ; il se réfugia dans une chambre où il s'enferma, y prit un quart d'heure de repos ; puis, l'esprit rafraîchi, revint s'assurer que le coup porté n'avait pas la gravité qu'il aurait pu craindre. Ces gens n'étant pas mariés, une séparation prévint, dès le lendemain, le retour possible d'une pareille aventure. Depuis douze ans, les relations les plus affectueuses n'ont pas cessé d'exister, à distance, entre les acteurs de cette scène. Quant à la femme, son état s'est aggravé : depuis cinq ans, toutes ses relations sont devenues difficiles ; enfin elle a été atteinte d'accidents qui rendent présumable l'existence d'une tumeur de la base du cerveau.

En pareilles circonstances, que l'aliéné soit le meurtrier ou qu'il soit la victime, c'est la loi qui est la première coupable.

On a beaucoup discouru, depuis quelque temps, sur la liberté individuelle et les revendications qu'autorise ce droit antérieur et supérieur ; mais on ne s'est préoccupé, dans cette croisade de l'opinion, que de la liberté d'aller et de venir, oubliant que notre droit civil est constitué à l'état de violateur incessant de notre foyer. Je ne veux pas excuser les attentats à la liberté d'aller et de venir ; mais au moins, lorsqu'ils se produisent, c'est au nom d'un intérêt défini, d'un intérêt collectif qui n'est pas niable. On n'a jamais cru devoir prendre les mêmes précautions lorsqu'il s'est agi d'attenter à la liberté domestique.

Au nom de quel principe avouable, de quel intérêt définissable, la société intervient-elle pour rendre indélébile le contrat plus ou moins librement consenti par deux individus qui n'ont jamais qualité pour contracter en connaissance de cause ; pour rendre irréparables des erreurs préjudiciables à ceux qui les commettent et indifférentes aux autres ? En quoi la société peut-elle être lésée par la dissolution de ce contrat ?

A cela, il est d'usage de répondre, non par un argument, — ce n'en est pas un, — mais par le plus vide des lieux communs : « les enfants ! » Les enfants arrivent ici comme « le poumon » dans la comédie de Molière. Cent fois je les ai vus jeter à la tête des partisans du divorce ; jamais je n'ai entendu entreprendre sur ce thème l'ombre d'un plaidoyer. Jusqu'où va, dans cet ordre d'idées, le droit de la société ? Dans les questions d'éducation, là où les soucis de la préservation donneraient à l'intervention collective une raison d'être, on en fait bon marché. Pourquoi, retournant les législations anciennes, qui attribuaient au père sur ses enfants un pouvoir peut-être exorbitant, avons-nous commis la même faute en sens inverse, subordonné l'individu à l'embryon, celui qui est à celui qui sera peut-être ? Pourquoi, enfin, pendant qu'on est illogique, ne pas pousser l'arbitraire jusqu'au bout, et oublier que les veufs qui se remarient peuvent avoir des enfants ? que si cette difficulté en est une, la séparation ne la supprime pas ? Ce prétendu argument des enfants est sans valeur, et il y a d'autant moins lieu d'y insister que, parmi ceux-là même qui le mettent le plus volontiers en avant, il ne s'est jamais trouvé personne qui crût pouvoir essayer de le discuter sérieusement.

L'abolition du divorce et les difficultés restrictives de la séparation maintiennent le grand nombre des zoanthropes délirants ou lucides dans le milieu le plus propre à assurer à leurs impulsions une portée criminelle. La suppression du divorce enlève nécessairement à la victime d'un fou la protection qu'elle aurait chance de trouver dans une nouvelle association. Quant aux entraves apportées à la séparation, elles sont lugubres ou comiques. On refuse la séparation à l'une des parties en dehors des cas de folie officielle ; on la refuse précisément dans les cas où le danger est le plus grand. Voici maintenant le comique : les difficultés dont on a entouré les instances en séparation ne laissent guère qu'une ressource à ceux qui veulent y réussir : l'adultère. L'adultère est exigé ici à peu près comme la version latine à l'examen du baccalauréat. Notons, à ce propos, que l'adultère, dont nos habitudes juridiques ont fait le *prétexte* presque constant de la séparation, n'en est presque jamais, peut-être jamais, le *motif*. Un procès en séparation est, pour toutes ces raisons, bien moins un acte sérieux de la vie civile qu'une cérémonie suivant un rite consacré, dans laquelle on fait payer cher à ceux qui sont en règle leur triste privilége.

Le divorce peut seul permettre d'écarter la cause occasionnelle de la majorité des crimes extrêmement nombreux qui procèdent d'une altération des facultés mentales, d'un délire des instincts ou de la zoanthropie simple. Encore ne faudrait-il pas se contenter de revenir à la législation abolie en 1816 : ce serait manquer le but. Le consentement mutuel, supposant des torts réciproques, laisse à l'écart les cas où l'injure vient d'un seul côté, ceux précisément où est le plus grand le danger de la cohabitation ou seulement des rapports fréquents. La volonté nettement exprimée de l'une des parties doit suffire, la preuve du délire des instincts, celle de la zoanthropie lucide tout aussi redoutable, étant le plus souvent impossible, faute de témoins. Nous n'avons pas d'ailleurs, nous société, le droit de rechercher les causes de cette volonté : les motifs d'une résolution toujours grave ne peuvent être que sérieux ; ne le fussent-ils pas, nous n'avons rien à y voir.

En résumé, le soin de garantir la société contre les entreprises des *fous*, des *zoanthropes*, des *criminels*, relève d'un intérêt du même ordre.

Poursuivre isolément la solution de l'un des termes du problème ne peut conduire à rien d'efficace, et introduit, dans l'interprétation et l'application des lois, une source d'équivoque et d'arbitraire.

Le retour au droit commun est encore, dans l'état actuel des choses, la solution la plus facile, la plus équitable et la plus tutélaire.

La réalisation d'une solution tout à fait satisfaisante est subordonnée aux progrès de la législation de droit commun, qu'on devra, reconnaissant que l'iniquité de la loi devient fatalement une source de crimes, faire découler, non plus de considérations métaphysiques condamnables, mais des notions simples d'équité, et de l'intelligence des nécessités pratiques.

Paris. — Impr. de Dubuisson et Cᵉ, rue Coq-Héron, 5

118